WAKU♥WAKU UP STYLE BASIC SERIES 1

Straight Up
Twist Up
Double Twist Up

技術指導：登石　記代

■ はじめに ■

「作品を作らないアップスタイルの技術本を作りたいのですが、ご協力頂けますか？」。今回、技術指導をして頂いた登石記代先生は、弊社のこの唐突な企画依頼に、さぞ驚かれたに違いありません。

この本は先生の作品とその技術解説の本ではありません。作品を作る方は、この本を手に取って下さった読者の皆様お一人お一人なのです。この本は、キチンとしたアップスタイルを作る時に欠かすことのできない「骨格」の部分の技術を伝える本なのです。

最近は、ただ上に上げればアップスタイルだと思われているのか、法則の無いフォルムだけの「まとめ髪」を「アップスタイル」だと勘違いしている若い方々が多く見られます。

アップスタイルとは、キチンとしたBACK（後ろ）の上げ方をしたヘアスタイルのことを指します。BACKの上げ方には、1：ストレートアップ、2：ツイストアップ、3：ダブルツイストアップ、4：夜会（本夜会、夜会風）、6：シニヨン、7：ロール等々があります。

今回は最も基礎となる1と2と3を、大きな技術写真と付録の手元DVDと共に『WAKU♥WAKU UP STYLE BASIC SERIES 1 / Straight Up　Twist Up　Double Twist Up』として、皆様にお届けできることになりました。

この本で、繰り返し、アップスタイルの「骨格」を練習して頂き、皆様お一人お一人の創意工夫を加えて、さらに美しいアップスタイルを、お作り頂きたいと願っております。

最後に、弊社の無理な企画をご快諾下さり、作品ではない「骨格」のご指導を賜り、さらに印刷物では、わかりにくい部分の技術撮影にもご協力賜わりました登石記代先生に、心から御礼申し上げます。

新美容出版株式会社

■この本の使い方■

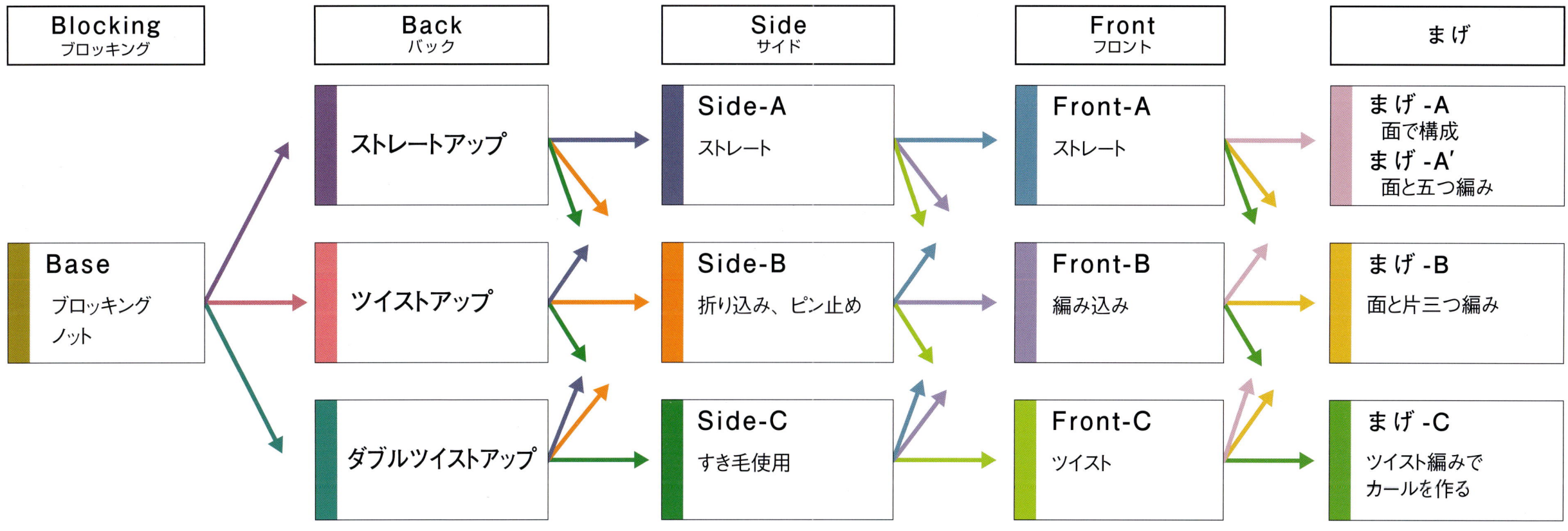

（サイド、フロント、まげはご自分でデザインを増やしていくことが出来ます）

■「骨格」をトレーニングする前に■

まず始めに［ブロッキング］、［バック］、［サイド］、［フロント］、［まげ］の項目からなる「この本の使い方」の図解をご覧下さい。

ブロッキングのベースに、［ストレートアップ］、［ツイストアップ］、［ダブルツイストアップ］のBackの上げ方があり、Sideの作り方に、「サイドA」、「サイドB」、「サイドC」が、Frontの作り方に、「フロントA」、「フロントB」、「フロントC」が、まげの作り方に「まげA（まげA'を含む）」、「まげB」、「まげC」と、今回は各項目3種類ずつの作り方が記載されています。図の色矢印が示している通り、組み合わせは、いろいろ考えて頂くことができます。掲載されたパーツの他に、さらに、読者の皆様お一人お一人が工夫してデザインする「サイド」、「フロント」、「まげ」を創作して頂くと、組み合わせはさらに広がり、驚くほど多くのアップスタイルを作る事が可能です。

すべては模倣から始まるとはいえ、人間の感性は、一人一人異なります。「○○先生のアップスタイルと技術」をいくら繰り返してみても、それは、○○先生の技術を模倣するにとどまり、ご自分らしいアップスタイルを作るまでには至りません。

この本は小さくてシンプルな本ですが、創作の自在な「考え方」を学べる本です。この本を手に取って下さった皆様が、「骨格」にご自分の感性と技術を加えて、新たなアップスタイルを創意工夫して頂きたいと思います。それでは、Let's start together !!

■目次

■**Blocking** （ゴールデンポイントの取り方・ノットベースの取り方）……………… 08

■**Back-A** ストレートアップ（ロングウィッグ使用）………………………………… 20

■**Back-B** ツイストアップ（ロングウィッグ使用）…………………………………… 30

■**Back-C** ダブルツイストアップ（ミディアムウィッグ使用）……………………… 38

■**Side-A** （ストレート）…………………………………………………………………… 44

■**Side-B** （折り込み、ピン止め）………………………………………………………… 56

■**Side-C** （すき毛使用）…………………………………………………………………… 64

- ■ Front-A （ストレート） ·· 72
- ■ Front-B （編み込み） ·· 80
- ■ Front-C （ツイスト） ·· 84
- ■ まげ-A （面で構成） ·· 94
- ■ まげ-A' （面と五つ編み） ·· 102
- ■ まげ-B （面と片三つ編み） ·· 106
- ■ まげ-C （ツイスト編みでカールを作る） ··· 114
- ■ 道具・ピンの止め方 ·· 120

■ Blocking ブロッキング

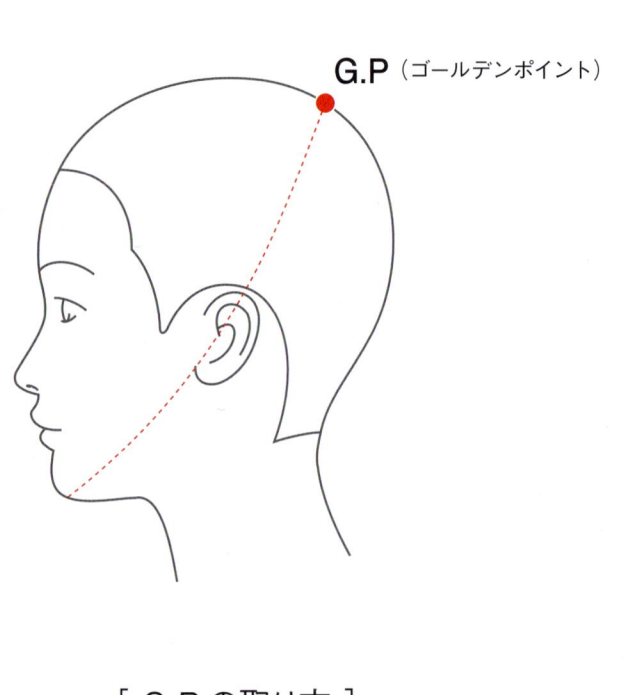

[G.P の取り方]

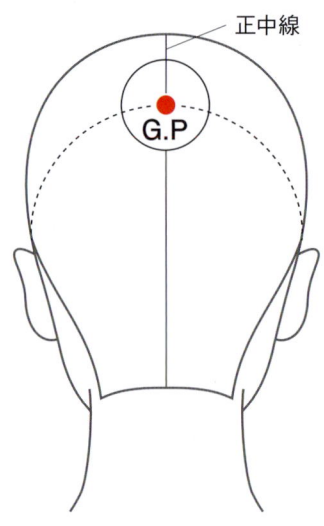

[ノットベースの取り方]

01 ゴールデンポイントを中心にしたノットベースを作ります。

02 左サイドのブロッキングをします。

03 右サイドのブロッキングをします。

04 フロントのブロッキングをします。

05 縛る部分を梳かし、

06 指で示したスライスポイントよりも、上の位置で一束に寄せ、

ブロッキング

07 縛る位置を決めます。

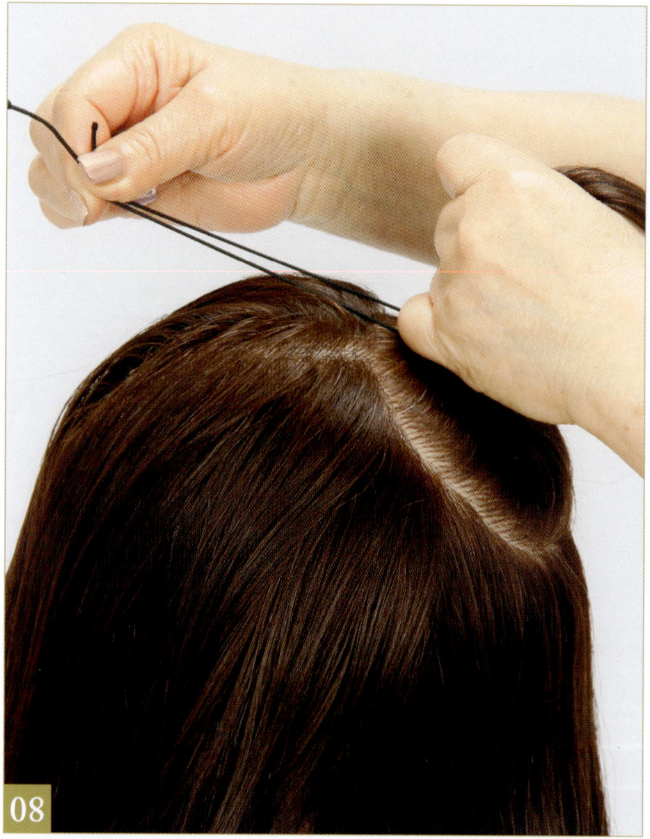

08 ゴムを巻き

ゴムを結びました。

ゴムの長いところを1cm位残して切ります。

11 逆毛を立てるためにバックを3枚にスライスし、1枚目をとります。

12 根元に逆毛をたてます。

13 手を持ち上げて

14 逆毛をたてます。

ブロッキング

15 綺麗に梳かし、前に倒します。

16 2枚目のパネルを持ち上げます。

17	18
内側を綺麗に梳かします。同様に逆毛をたて、上に上げ、前に倒します。	表側に逆毛が出ないように、3枚目に逆毛をたてます。

19	20
上げた毛を全部下ろします。	すき毛を作ります。

21 すき毛をピンで縫い止めます。

22 すき毛を付けました。
バックを作る準備が整いました。

■Straight UP ストレートアップ（ロングウィッグ使用）

01 スタートはブロッキングのP19－No.22から始めます。

02 後ろを梳かし上げます。

03

最初に縛ったノットを一緒に持ちます。

ストレートアップは、
4回のブラッシングで作ります。
DVD「ブラッシング」を
参照して下さい。

04 左側から、1のブラシを入れて梳かします。

05 1のブラッシングの続きです。

06 ブラシの持ち方を変えて、2のブラシを入れて梳かします。

07 2のブラッシングの続きです。

08 右側も同様に、3のブラシを入れて梳かします。

09 3のブラッシングの続きです。

4のブラシを入れて梳かします。

4のブラッシングの続きです。

12 右から押さえて

13 左側も押さえて

ストレートアップ

14 毛束を上に上げ

15 下から手を入れて

16 ゴムをかけ、縛ります。

17 ゴムを1cmほど残して切ります。

19	20
ストレートで上げた面を整え、	ストレートアップの出来上がりです。

■ Twist Up ツイストアップ（ロングウィッグ使用）

01 スタートはブロッキングのP19 - No.22から始めます。

02 毛を梳かして

03

04

ツイストアップは4回のブラッシングで作ります。
左側から1のブラシを入れて梳かします。

1のブラッシングの続きです。

05 ブラシを持ち変えて2のブラシを入れて梳かします。

06 2のブラッシングの続きです。

07

右側も同様に、3のブラシを入れて、梳かします。

08

3のブラッシングの続きです。

09	10
4のブラシを入れて、梳かします。	4のブラッシングの続きです。

11 写真のように毛束を持ち変えます。

12 左手で押さえます。

13 右手で一回ツイストし、

14 さらに、もう一度ツイストします。

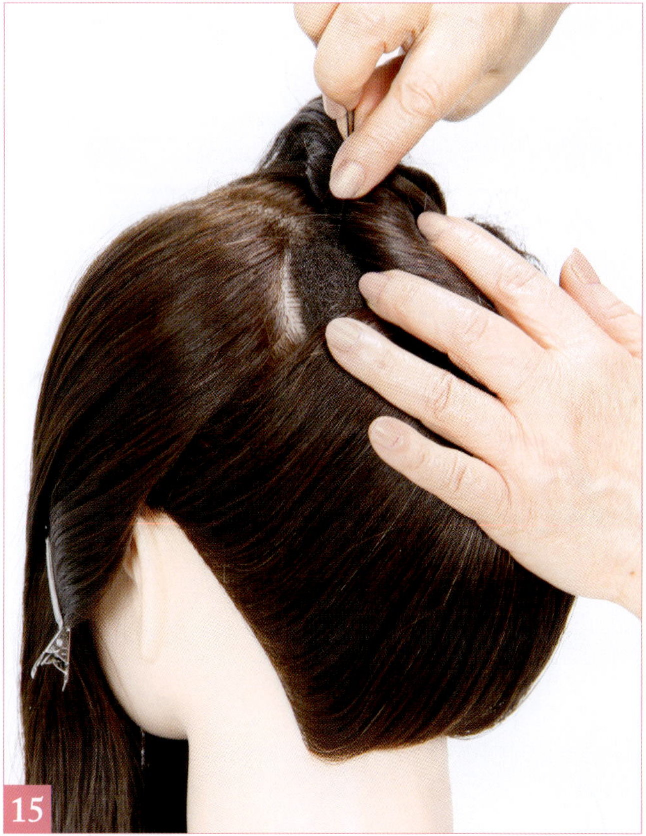

15 左手で押さえ、ピンで止めました。

16 ツイストアップの出来上がりです。

Double Twist Up ダブルツイストアップ（ミディアムウィッグ使用）

01 スタートはブロッキングのP19 – No.22から始めます。

02 バックの毛束を梳かし上げました。

前に倒します。

コームで梳かし、面を整えます。

05 整えた毛束をダッカールですき毛に止めます。

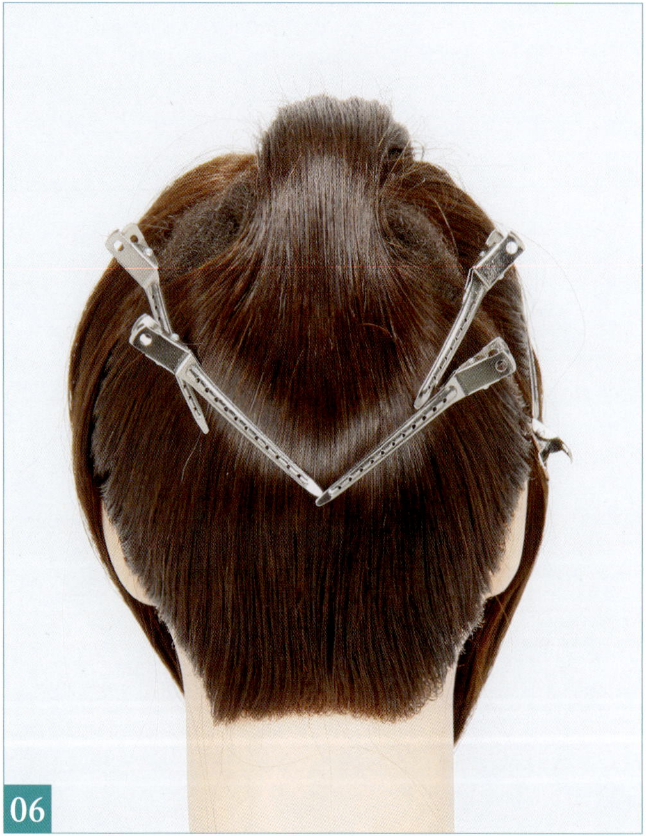

06 右側も綺麗に梳かして、ダッカールで止めます。
（ダッカールを用いると両手があき、作業がしやすくなります）

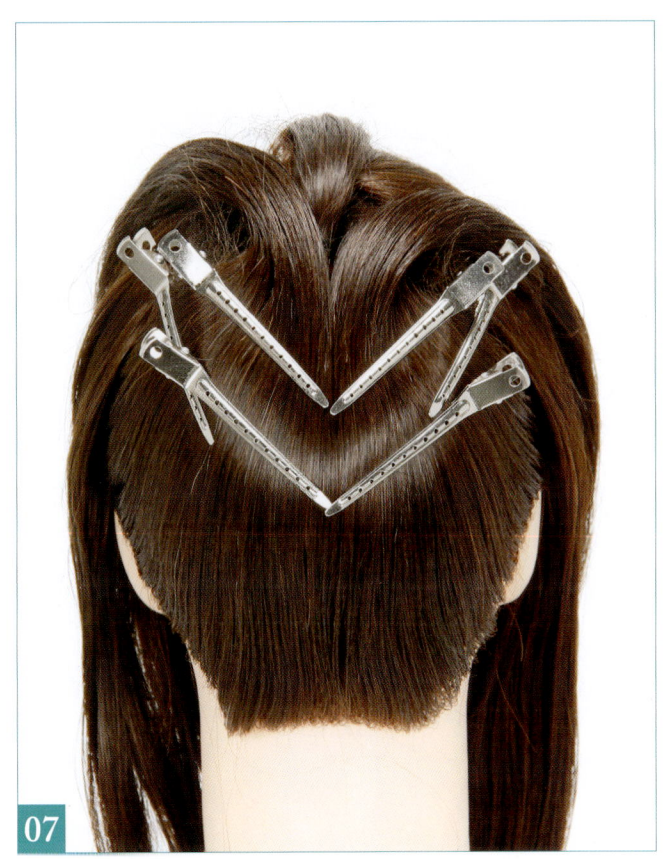

07 毛束を中心で2つに分けます。

08 2つに分けた左側を指で挟んで、内側に折り込みます。

ダブルツイストアップ

09 ピンで止めます。

10 同様に2つに分けた右側も内側にツイストします。

11
ピンで止めます。

12
ダッカールをはずしてダブルツイストアップの出来上がりです。

■Side-A (ストレート)

01 サイドの髪を綺麗に整え、下ろしたところです。

02 サイドに逆毛をたてるためにブロッキングします。

03 裏側からコームを入れて逆毛をたてます。

04 パネルの表側に、逆毛をたてます。

05 2枚目のブロッキングをします。

06 2枚目も裏側からコームを入れて同様に逆毛をたてます。

07	08
パネル表側は、生え際には逆毛をたてず、残りの部分に逆毛をたてます。	もう1枚パネルをとり、

09 パネルの裏側からコームを入れ、逆毛をたてます。

10 表側は生え際には逆毛をたてず、残りの部分に逆毛をたてます。

11 表側に出ないように、後ろだけ逆毛をたてます。

12 逆毛をたて終えました。

| 13 | 髪を梳かして、斜め下に下げます。 |
| 14 | 内側を梳かします。 |

15
表側も梳かします。

16
裏側も梳かし、

17 中心の縛った毛束にサイドの毛束を添わせ、

18 ダッカールで止めます。

19 表面を整えて、

20 ダッカールで止めていきます。

21 中心の縛った毛束と一緒にして、ゴムで結びます。

22 左サイドの出来上がりです。

|23| 斜め後ろから見たところです。

|24| 右サイドも同様に、仕上げます。

ストレートアップ ＋ サイドA

55

■Side-B（折り込み、ピン止め）

01 サイドを作る前の状態です。

02 サイドに逆毛を立てるためにブロッキングします。

03

裏側にコームを入れて、逆毛をたてます。

04

パネルの表側にコームを入れて、少し逆毛をたてます。

05 2枚目のパネルの裏側に逆毛をたてます。

06 表側にも逆毛をたてます。

07
3枚目のパネルの裏側に逆毛をたてます。

08
綺麗に表面を梳かしてダッカールで止めます。

09 面を整え、ダッカールで止め

10 パネルを人差し指と中指に挟んで

11
指を回転して、内側に折り込みます。

12
ピンで止めます。

サイドB

13 ピンで止めたところです。

14 左サイドの出来上がりです。

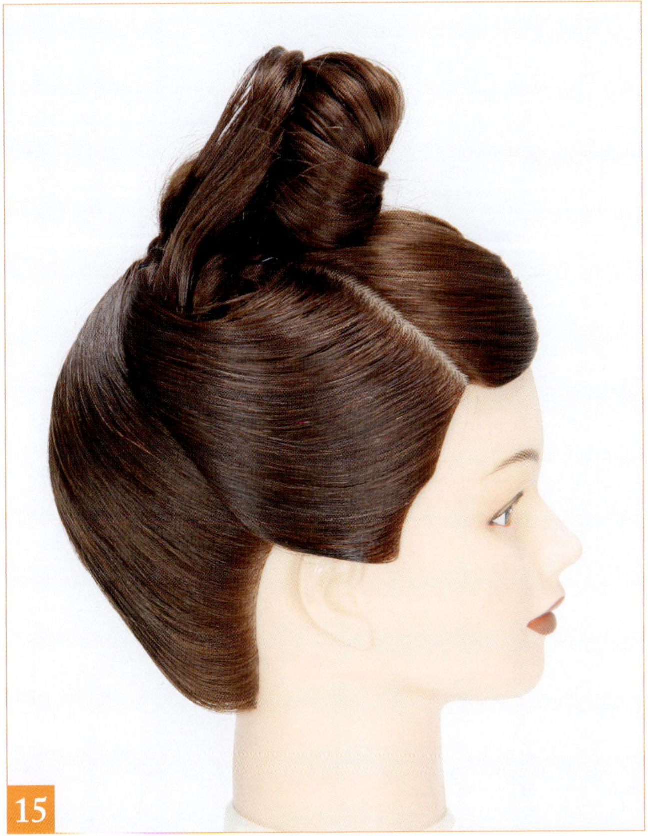

15
同様に右サイドを作り、折り込んでピンで止めました。

16
ダブルツイストで上げたBACKに、両サイドを作り終えた後の仕上がりです。

ダブルツイストアップ ＋ サイドB

■ Side-C（すき毛使用）

01 すき毛を作ります。

02 スライス線に沿ってすき毛をピンで止めます。

03 パネルの裏側にコームを入れ、逆毛をたてます。

04 表側も逆毛をたてます。

サイドC

05
2枚目のパネルをとり、裏側に逆毛をたてます。

06
2枚目のパネルの表側にも逆毛をたてます。

07
3枚目のパネルの裏側に逆毛をたてます。

08
ブラシで梳かして

サイドC

09 自然に流し

10 後ろにダッカールで止めます。

11 面を整え、ダッカールを止め、毛先をピンで止めて固定します。

12 ダッカールを全部はずし、左サイドの出来上がりです。

サイドC

13
同様にして右サイドの出来上がりです。

14
ダブルツイストアップで、すき毛を入れてサイドを作った形です。サイドCの出来上がりです。

ダブルツイストアップ ＋ サイドC

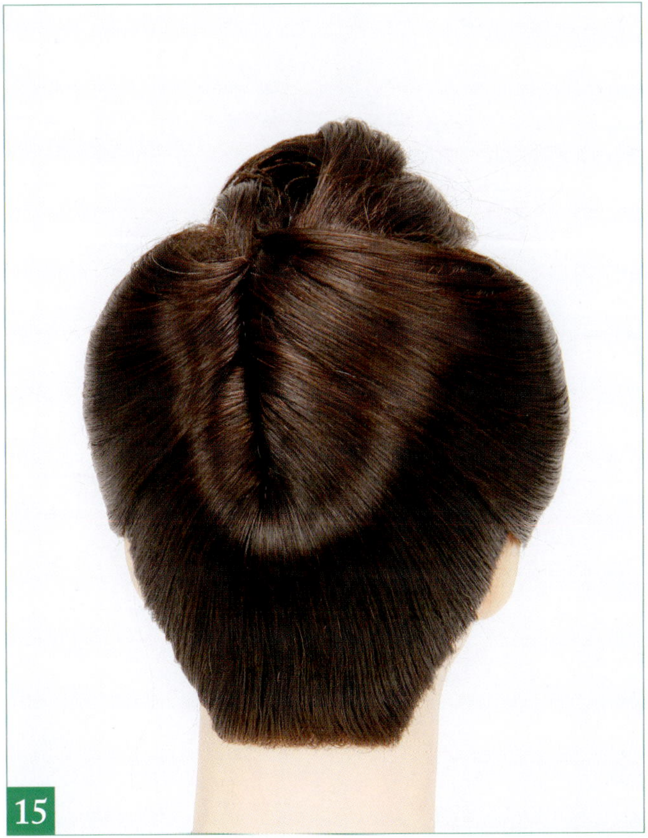

15

毛の長さと頭の鉢の形により、ダブルツイストで上げるバックの合わせを、中心から少しずらして雰囲気を変えることができます。

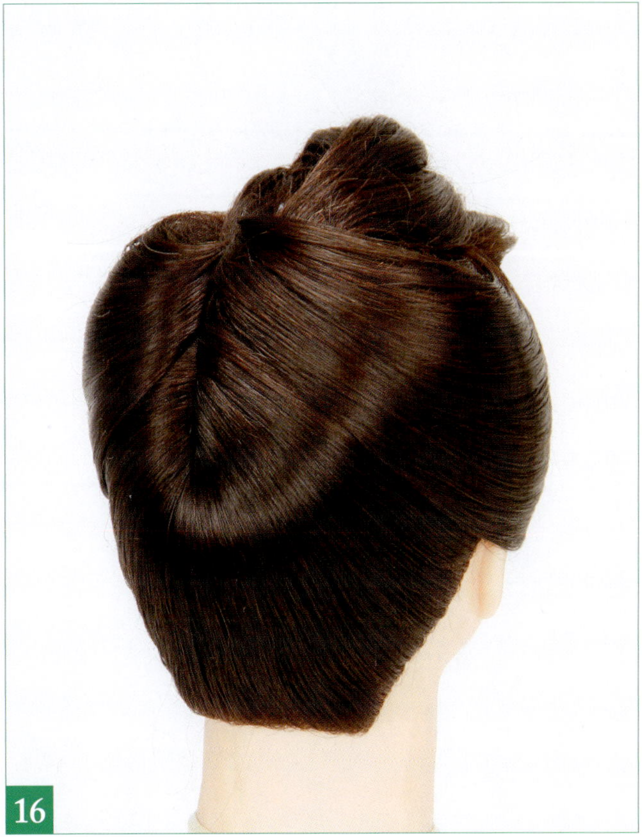

16

斜めから見たところです。

フロントA P72
フロントB P80
フロントC P84

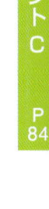

■ Front-A（ストレート）

01 前髪をブロッキングします。前幅に対し、後ろ幅はやや狭くとります。

02 パネルをスライスし、逆毛をたてていきます。
● DVD「逆毛のたて方」参照

03 表側、両端に逆毛をたてます。

04 2枚目のパネルの裏側にも逆毛をたてます。

表側も同様に両端に逆毛をたてます。

3枚目のパネルをとり、裏側から逆毛をたてます。

表側も同様に両端に逆毛をたてます。

最後のパネルは表面に出ないように、裏側にだけ逆毛をたてます。
（パネル数は毛量に応じて決めて下さい）

09 逆毛がたて終わりました。

10 両脇のはみ出した逆毛をブラシで梳かし、内側も梳かします。

11 表面を梳かしながら、

12 ゴムの位置まで持っていききます。

フロントA

13 フロント面を整え、ダッカールで押さえます。

14 正面から前髪を止めたところです。

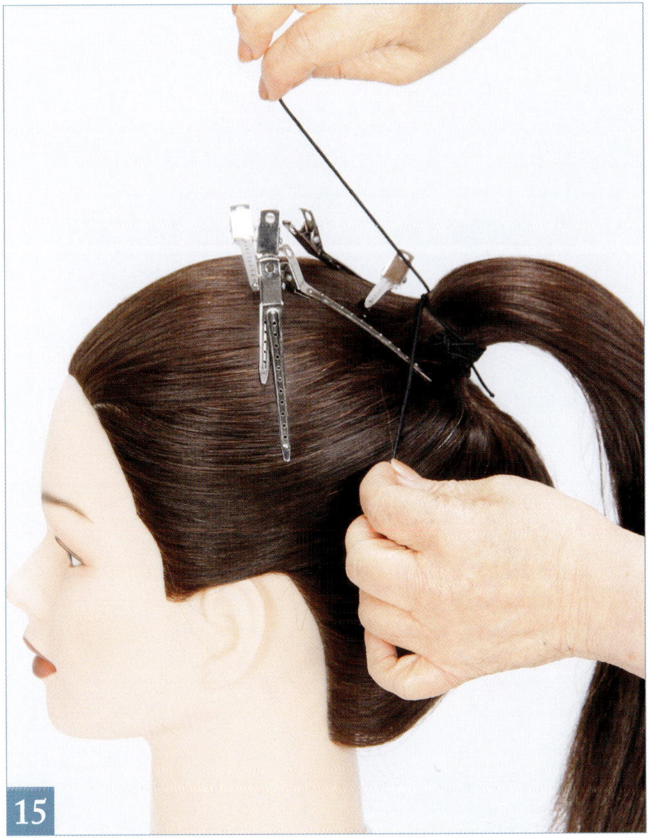

15 まとめてゴムで縛ります。

16 ゴムを1cmほど残して切り、フロントAの出来上がりです。

ストレートアップ ＋ サイドA ＋ フロントA

■Front-B（編み込み）

01 残りの髪を整えて前方へ全部下ろしてダッカールで止めます。

02 片三つ編みで編みます。
● DVD「三つ編み」「片三つ編み②」参照

03 編み始めは三つ編みを2、3回編みます。

04 下端から毛を拾いながら、片三つ編みを編みます。

05 片三つ編みを編み進めます。

06 片三つ編みの最後は、逆毛で止めます。

07 片三つ編みの最後の毛先をおさめるために仮の「まげ」を作りデザインし、フロントBの出来上がりです。

ダブルツイストアップ ＋ サイドB ＋ フロントB

08 アレンジヴァージョンも作ってみました。

■Front-C（ツイスト）

01 パネルを3枚スライスし、裏側に逆毛をたてます。

02 表側の、両端に逆毛をたて、後ろへ流します。

03 2枚目のパネルをとり、後ろ側にしっかりと少し多めに逆毛をたてます。

04 表側の両端に逆毛をたてます。

05 3枚目のパネルの裏側に逆毛をたてます。

06 後ろへ流します。

07 両端のはみ出した逆毛をブラシで梳かし、内側も梳かします。

08 フロントの毛束を全部一緒にブラシをかけて、整えます。

09 面を整え、ダッカールで止めます。

10 ゴムで結びます。

11 ダッカールをはずし、ゴムで結んだ先を持ち上げ

12 ツイストします。

13 前の方へ押し出します。

14 ピンを止めてフロントCの出来上がりです。正面から見たところです。

15
右サイドから見たところです。

17
出来上がったフロントじに束ねた毛で仮の「まげ」を作り、五つ編みを使用して仕上げてみました。

ダブルツイストアップ ＋ サイド B ＋ フロント C

16 右斜め後ろから見たところです。

18 左斜めから見たところです。

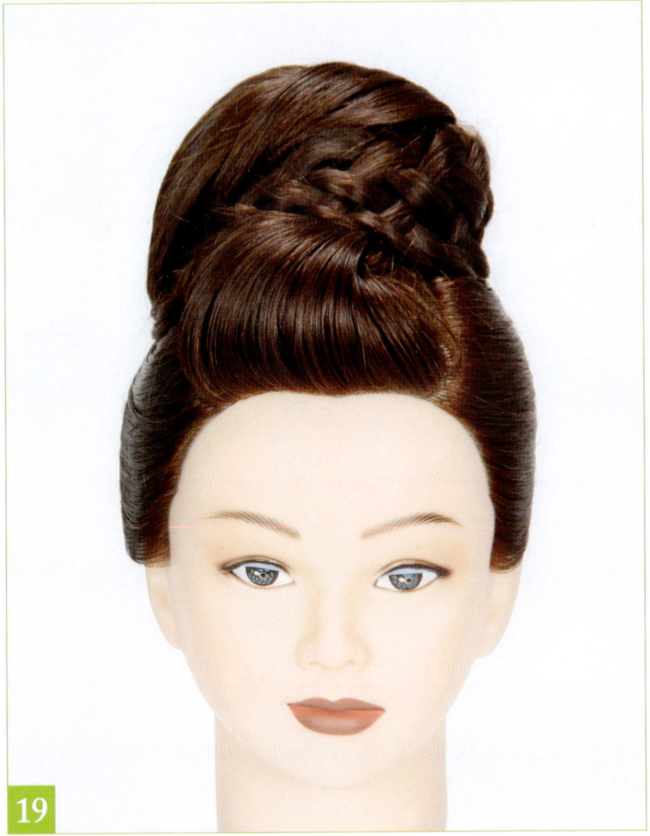

19 正面から見たところです。五つ編みは編んだ面を広げることが出来るので、自在に調整し、デザインすることが出来ます。　●DVD「五つ編み」参照

20 飾りを付けた仕上がりです。

■ まげ-A（面で構成）

01 毛束を縛った最初のゴム紐より少し上のところを もう1本のゴム紐で縛ります。

02 毛束を2つに分けます。

03	04
2本を交差させ、おいて置きます。	好きな大きさに、すき毛を作ります。

05 毛束の根元にすき毛を巻いて、2本目のゴムにピンで止めます。

06 逆毛をたてるためにスライスし、内側だけ、逆毛をたてます。

07 2枚目のパネルの根元に逆毛を少したてます。

08 毛束を梳かして、逆毛をたてたところを押さえながら広げます。

09 面を整えてダッカールで止めます。

10 反対側も同様に毛束を梳かして広げ、

11 面を整え、ダッカールで止めます。

12 毛先をしまってチューリップ型のまげAの出来上がりです。

13
正面から見たところです。

14
後ろから見たところです。

ストレートアップ ＋ サイドA ＋ フロントA ＋ まげA

15

飾りを付けてみました。

16

飾りは、いろいろ工夫して、素材とデザインを楽しむことが出来ます。

■ まげ-A'（面と五つ編み）

まげA － No.01

01 まげAのP95－No.03から後を変えます。2つに分けて交差します。（P94－No.01、No.02参照）

02 すき毛を立ち上げたところに巻き付け、2本目のゴムにピンで止めます。

03 交差した後の右側を面にして、広げます。

04 すき毛に添わせて止めます。

まげ
A'

05 残りの束で五つ編みをします。五つ編みは、編み終えてから、編み目を広げ幅を出すデザインが出来ます。

06 編み終わりました。編み終わりは逆毛をたてて止めます。

● DVD「五つ編み」参照

07 五つ編みをデザインして止め、まげA'の出来上がりです。

ストレートアップ ＋ サイドA ＋ フロントA ＋ まげA'

08 飾りを付けてみました。

■ まげ-B （面と片三つ編み）

まげA － No.01

01 まげAのP94－No.01から毛束を2つに分けます。

02 逆毛をたてて、毛を繋げます。

03	04
綺麗に梳かして、すき毛を好きな大きさに整えて	すき毛を入れ、

05 ダッカールで止めます。

06 毛先を縛ります。

07 すき毛をくるむようにして

08 P94－No.01の2本目のゴムにピンでさして止めます。

09 すき毛を中に押しながら、毛束を広げます。

10 綺麗に梳かします。形を整え、すき毛をピンで止めます。

11 反対側の毛束を1cmスライスして、残りの毛と片三つ編みにします。最後まで続けて編みます。

12 片三つ編みが編み終わりました。

● DVD「片三つ編み①」参照

13 片三つ編みを使ったまげBが出来上がりました。

14 斜め後ろから見たところです。

15

右サイドから見たところです。

ストレートアップ ＋ サイドA ＋ フロントA ＋ まげB

16

飾りを付けてみました。

■ まげ-C （ツイスト編みでカールを作る）

01 まげAのP94－No.02、2本目のゴムを縛ったところから始めます。毛束を上下2つに分けます。

02 下の束をさらに2本に分けます。
（上の束も後で2本に分け、全部で4本に分けます）

03	04
2本に分けた毛束をそれぞれねじりながらツイスト編み(ロープ編み)にします。 ● DVD「ツイスト編み」参照	ツイスト編みをしながら、デザインを考え、上の方から毛を引き出してカールを作っていきます。

05 最後まで編みます。

06 ツイスト編みの最後を逆毛をたてて止めます。

07 下に2本のツイスト編みが出来ました。上の毛束も2つに分けて、同様に2本のツイスト編みを作ります。

08 4本のツイスト編みが出来上がりました。

09 4本のツイスト編みをデザインを考えながら、まとめます。仕上がりを横から見たところです。

10 仕上がりを後ろから見たところです。ストレートアップがしっかりと作られていれば、ファジーな「まげ」も活かすことが出来ます。

11 正面から見たところです。

ストレートアップ ＋ サイドA ＋ フロントA ＋ まげC

12 飾りを付けた正面です。飾りの素材をリボン等、いろいろ工夫するとニュアンスを変えることが出来ます。

■ 道具

・この他にヘアクリーム、セット剤などを使います。

■ 主な道具の名称
(写真P120)
1 フランス型ダッカール
2 ネジピン
3 オニピン
4 アメリカピン（玉なし）
5 Ｓ字ブラシ
6 仕上げブラシ
7 アップコーム
6 すき毛
7 黒ゴム

■ 使用したウィッグ

ロングウィッグ

ミディアムウィッグ

■ ピンの止め方

[平止め]

ピンを平行に少し重ねながら、隙間をあけずに止める

[鍵止め]

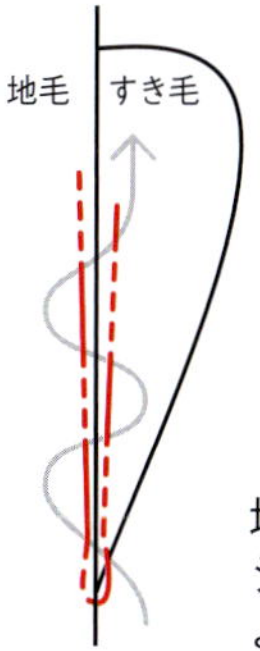

地毛　すき毛

地毛とすき毛をジグザグに縫うように止める

[縫い止め]

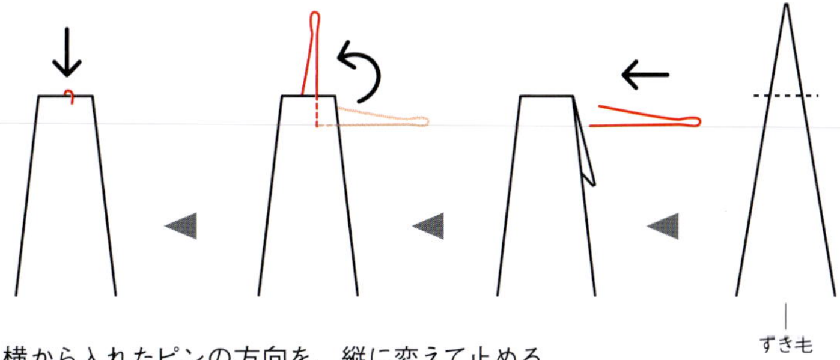

すき毛

横から入れたピンの方向を、縦に変えて止める

WAKU♥WAKU UP STYLE BASIC SERIES 1
Straight Up
Twist Up
Double Twist Up

2015年7月7日発行

定価（本体 1,800 円＋税）

編集／発行人　長尾明美
発行　新美容出版株式会社
　　　〒106-0031 東京都港区西麻布 1-11-12
　　　代　表　TEL 03-5770-1230（代表）
　　　販売部　TEL 03-5770-1201　FAX 03-5770-1228
　　　http://www.shinbiyo.com

印刷・製本　凸版印刷株式会社

印刷には十分注意しておりますが、万一落丁・乱丁がありましたら、
本社にてお取り替えいたします。

＊記事・写真・イラストなどの無断転載を禁じます。
＊DVDを著作権者に無断で複製、放送、上映、公開、レンタル
　することは法律で禁止されています。

Ⓒ SHINBIYO SHUPPAN Co., Ltd.
Printing in Japan 2015

技術指導
登石　記代（といし　きよ）

・アップスタイルの第一人者である 故 信竜淳二氏に師事
・元、信竜会幹部講師
・現在、各地にて講習活動を展開中
・『ZANG TOI』ニューヨークコレクションに
　ヘアースタッフとして参加
・『登石記代アップスタイル研究会』主宰

〒173-0037 東京都板橋区小茂根 1-26-10
Tel. 03-3955-7772

♥ プレゼントに御応募下さい!! ♥

ロングウィッグ 5台、逆毛のたてやすいアップコーム 20本が当たります!!

ロングウィッグ  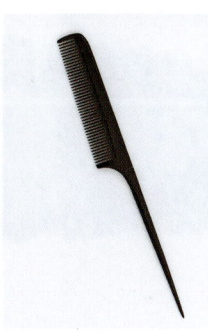 アップコーム

右下、三角の応募券を、官製はがきに剥がれないように、しっかり貼って、御応募下さい!!
官製はがきに、■お名前、■ご住所、■メールアドレス、■電話番号、■サロン名、■役職および勤続年数
を明記の上、下記まで御応募下さい。
（未記入の箇所があると対象から外されますので、すべて、ご記入ください。）

宛先： 〒106-0031
　　　東京都港区西麻布 1-11-12
　　　新美容出版株式会社
　　　[WAKU ♡ WAKU UP STYLE] 係
締切： 8月31日消印有効です。
なお、当選は、賞品発送をもってかえさせて頂きます。